GOURMANDISES POUR JOUEUR D'ÉCHECS

Adolf Anderssen

Gourmandises pour joueur d'échecs

Version modernisée

Traduit de l'allemand par Pascal Golay

HISTOIRE DU JEU D'ÉCHECS

Titre original :
AUFGABEN FÜR SCHACHSPIELER, NEBST IHREN LÖSUNGEN

Édition originale en langue allemande éditée par Verlag von Joh. Urban Kern, Breslau, 1842 et 1852.

© *2017 Pascal Golay*
Éditeur : BoD – Books on Demand
12/14 rond-point des Champs Élysées
75008 Paris, France
Imprimé par BoD – Books on Demand, Norderstedt
ISBN : 978-2-322-09960-3
Dépôt légal : novembre 2017

Adolf Anderssen

Sommaire

Préface du traducteur

Adolf Anderssen (1818 – 1879) est connu de tous les joueurs d'échecs en premier lieu en tant que vainqueur de la partie *Immortelle* contre Lionel Kieseritzky en 1851 et de la partie *La toujours jeune* contre Jean Dufresne en 1852. Ces deux parties, mais également d'autres, ont conduit à considérer Anderssen comme l'un des représentants les plus illustres de ce que certains historiens du jeu d'échecs appellent « l'école romantique ». C'est-à-dire le prototype même du joueur qui fonde son jeu sur l'attaque à tout-va et les sacrifices audacieux.

En revanche, il est beaucoup moins connu qu'Anderssen s'est fait avant tout connaître en Allemagne par la composition de problèmes d'échecs. Rappelons au passage qu'Anderssen vécut à Breslau, une ville de Silésie appelée maintenant Wroclaw et située sur le territoire de la Pologne, désignée en français sous le nom de Vratislavie.

C'est donc par la composition, et en particulier par la publication en 1842, à l'âge de 24 ans, de l'opuscule *Aufgaben für Schachspieler*, qui réunissait 60 problèmes de son cru et qui connut un succès important, qu'il se fit connaître. Ces positions, qui présentent de belles combinaisons avec souvent des sacrifices étonnants, ont certainement contribué à forger sa légende de joueur romantique féru d'attaques spectaculaires. *Aufgaben für Schachspieler* rencontra un tel succès

qu'une deuxième édition, profondément rema-
niée, parut en 1852.

Le présent ouvrage réunit la totalité des problèmes publiés dans ces deux éditions de *Aufgaben für Schachspieler*.

La règle de la promotion allemande

Sur le plan de l'histoire des règles du jeu
d'échecs, la préface de la première édition de
1842 de *Aufgaben für Schachspieler* est intéres-
sante, car elle nous apprend qu'à cette époque la
règle de la promotion d'un pion arrivé sur la dernière rangée était différente en Allemagne que
celle qui était pratiquée ailleurs, notamment en
Italie, en Angleterre et en France (qui est la règle
actuelle). En effet, Anderssen explique qu'en Allemagne, un pion ayant atteint la dernière rangée
ne peut être promu qu'en une pièce ayant été
prise auparavant. La conséquence de cette règle
est qu'il ne peut, par exemple, pas y avoir deux
Dames ou trois Tours, etc. de la même couleur
sur l'échiquier.

Cela conduit à la possibilité d'une situation
paradoxale. Supposons qu'aucune pièce d'un des
camps aient été prises et qu'un de ses pions at-
teigne la dernière rangée : comment alors ce pion
peut-il être promu ? La règle de la promotion
allemande prévoyait que dans ce cas de figure le
pion restait simplement un pion sur la huitième
rangée, en attente de la première prise d'une
pièce de son propre camp, et se transformerait
automatiquement en cette première pièce prise
au moment au celle-ci serait prise. Cependant,
l'application de cette règle implique la possibilité

que la promotion « différée » du pion conduise à une position dans laquelle un Roi est en échec, mais où le trait appartient à l'autre camp, donc à une position illégale. Dans ce cas-là, la règle de promotion allemande prévoyait que le joueur ne pouvait pas prendre la pièce qui aurait automatiquement ressuscité en donnant échec au travers du pion qui attendait sa promotion sur la huitième rangée.

Illustrons cette règle et ce paradoxe au moyen d'un exemple. Dans le diagramme ci-dessous, le trait est aux Noirs.

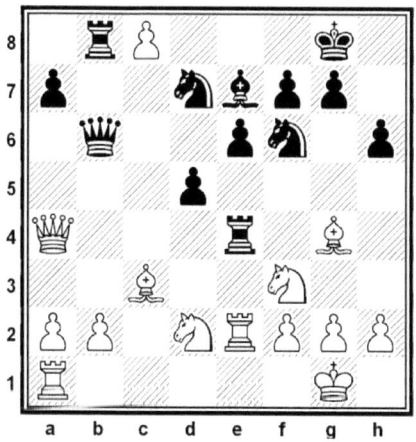

On remarque qu'un pion blanc a atteint la dernière rangée (pion c8). Étant donné qu'aucune pièce blanche n'a encore été prise, il est demeuré pion en attendant la première prise d'une pièce blanche, pièce dans laquelle il sera promu automatiquement au moment où elle sera prise par les Noirs. On constate que si les Noirs, qui sont au trait, prennent la Dame blanche ou la

Tour blanche avec leur Tour (...Txa4 ou ...Txe2), le pion c8, qui serait automatiquement promu à l'instant dans cette pièce blanche prise, ferait échec au Roi noir (une Dame ou une Tour blanche en c8 fait échec au Roi noir en g8) et le trait passerait aux Blancs. On se retrouverait de la sorte dans une position illégale où un Roi aurait été laissé en prise. Ainsi, les coups noirs ...Txa4 et ...Txe2 sont interdits par la règle de la promotion allemande, afin d'éviter cette situation paradoxale. En revanche, la prise du Fou blanc par le coup ...Txg4 serait parfaitement possible pour les Noirs, puisque la promotion à l'instant du pion c8 en Fou blanc ne conduit pas à un échec du Roi noir.

Dans le recueil de 1842, deux problèmes sont concernés par cette règle de promotion spéciale pour pouvoir être résolus. Nous les avons regroupés dans une section dédiée.

Il est intéressant de constater qu'Anderssen ne fait absolument plus mention de cette règle de promotion spécifique à l'Allemagne dans la préface de la deuxième édition de 1852. Nous pouvons donc en conclure que durant la décennie 1842 – 1852, les joueurs allemands ont également adopté la règle de promotion en vigueur dans le reste de l'Europe, à savoir la règle de promotion actuelle.

Pascal Golay, octobre 2017

Préface de l'édition de 1842

Les fins de parties de l'Arabe Philippe Stamma et de La Bourdonnais comptent parmi les réalisations les plus remarquables et les plus célèbres. Toutefois, alors que le premier éblouit par son degré d'inventivité, le second impressionne par la simplicité et l'élégance de ses compositions. La Bourdonnais parvient à présenter les idées les plus subtiles en évitant de surcharger ses œuvres de toute pièce inutile.

De même dans les positions qui suivent, l'auteur s'est fixé comme but de ne faire figurer que les pièces dont les problèmes ont strictement besoin, afin que la forme soit en adéquation avec le fond ; une plus grande dépense de ressources devant correspondre également à l'approfondissement d'une idée. À une idée simple doit correspondre une forme simple.

Une remarque à propos des règles du jeu. La règle concernant la promotion d'un pion parvenu à la dernière case, qui permet à ce pion de se promouvoir en une seconde Dame, en une troisième Tour, etc., que l'on trouvait seulement en Italie et en Angleterre, est maintenant aussi adoptée par La Bourdonnais[1]. Elle n'est toutefois pas habituelle en Allemagne et en contradiction avec la logique des règles du jeu d'échecs.

---

[1] « Quand on mène un pion à dame, on prend pour ce pion une seconde dame, un troisième cavalier, ou telle pièce que l'on juge la plus utile pour le gain de la partie. » Cf. *Nouveau traité du jeu d'échecs*, par M. de La Bourdonnais, Règles du jeu d'échecs, XXIV.

Cette règle a certainement été adoptée afin d'éviter une situation paradoxale. En effet, selon la règle habituelle, un pion qui atteint la dernière case alors que toutes les pièces de son camp se trouvent encore sur l'échiquier sera transformé automatiquement en la première figure qui sera prise (en attendant, il demeure pion). Ainsi, le cas peut arriver que la première pièce prise, se réincarnant dans le pion promu qui attend sa promotion sur la 8e rangée, mette de cette manière le Roi de l'adversaire en échec, alors que celui-ci n'a pas le trait. Il existerait alors la possibilité pour l'autre joueur, au trait, de simplement prendre le Roi adverse en échec. La règle habituelle prévoit que dans ce cas précis, il n'est pas possible de pouvoir gagner avec un tel coup qui provoque la transformation d'un pion promu avec échec. Tout autre cas ne pose pas de problème particulier.

Ainsi, en tenant compte de la règle de promotion habituelle comme on la pratique en Allemagne, toutes les compositions qui suivent devraient être plus faciles à résoudre et avoir chacune une solution possible.

Breslau, le 15 juillet 1842

14

Préface de la deuxième édition de 1852

L'art de composer des problèmes d'échecs a connu dans la décennie qui s'est écoulée depuis la première édition de cet opuscule une importante évolution grâce aux très nombreuses forces qui lui ont été consacrées. De telle sorte que la présente opération de réédition de compositions datant d'une époque aussi ancienne pourrait faire apparaître celles-ci, comparées aux plus récentes produites par cet art, comme très médiocres. Par conséquent, cette seconde édition d'un ancien recueil de problèmes, malgré l'accord de l'auteur donné il y a quelques années, n'aurait pas reçu son imprimatur si les faiblesses de son contenu n'avaient pas été comblées avec un certain succès.

Si l'auteur pense avoir le droit de recommander quelques-unes de ses compositions et d'évoquer le plaisir d'avoir inventé certaines positions d'excellente facture, telles des œufs de Colomb, il sollicite aussi la clémence du lecteur pour quelques autres.

Breslau, avril 1852

Mats en trois coups

Dans les diagrammes suivants, le trait est toujours aux Blancs.

N° 1
1842, n°1, mat en 3 coups

N° 2
1842, n°2, mat en 3 coups

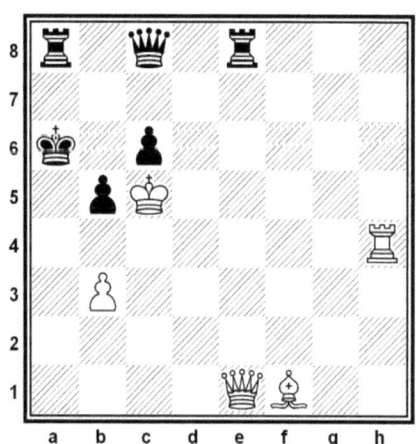

N° 3
1842, n°3 (1852, n° 4), mat en 3 coups

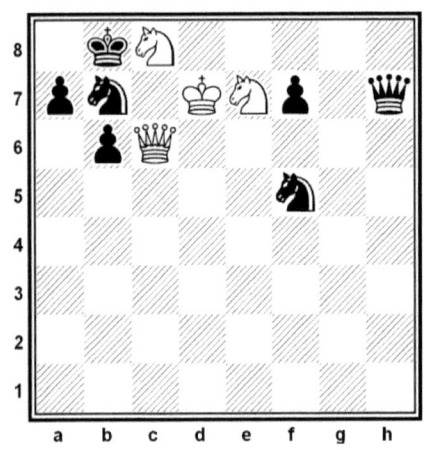

N° 4
1842, n°4 (1852, n° 2), mat en 3 coups

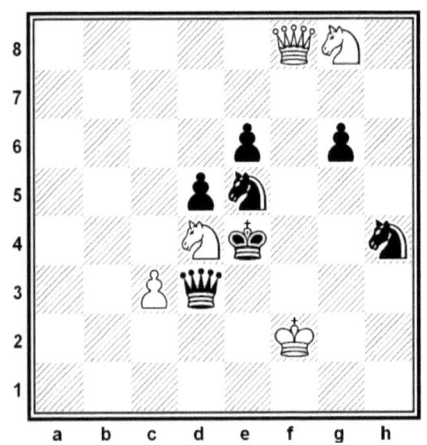

N° 5
1842, n°5 (1852, n° 6), mat en 3 coups

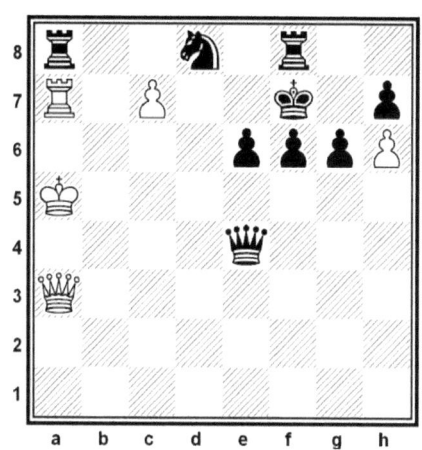

N° 6
1852, n° 1, mat en 3 coups

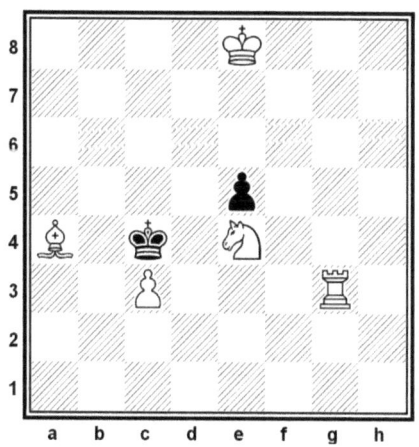

N° 7
1852, n° 3, mat en 3 coups

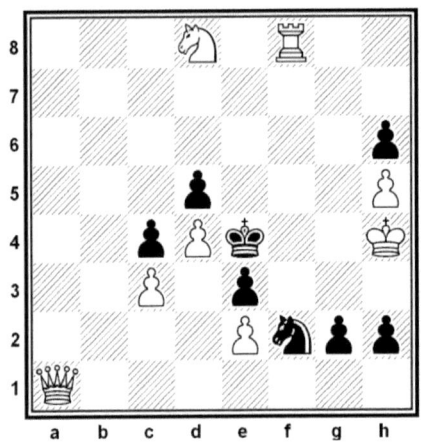

N° 8
1852, n° 7, mat en 3 coups

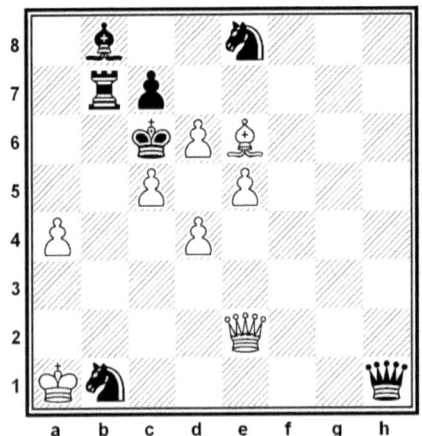

N° 9

1852, n° 9, mat en 3 coups

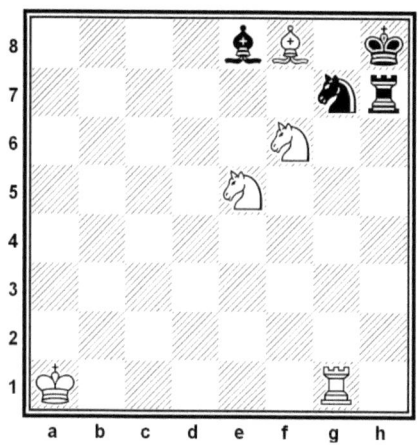

N° 10

1852, n° 10, mat en 3 coups

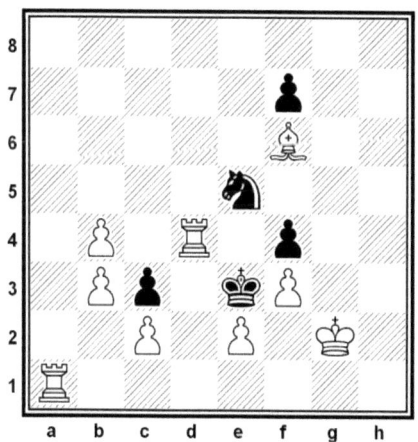

N° 11
1852, n° 55, mat en 3 coups

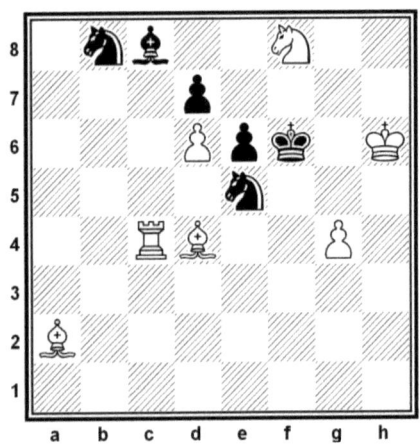

N° 12
1852, n° 57, mat en 3 coups

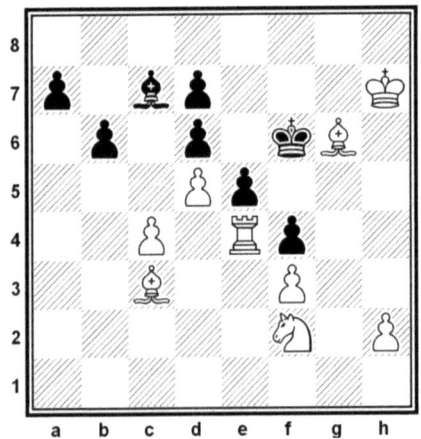

Mats en quatre coups

Dans les diagrammes suivants, le trait est toujours aux Blancs.

N° 13
1842, n° 6 (1852, n° 5), mat en 4 coups

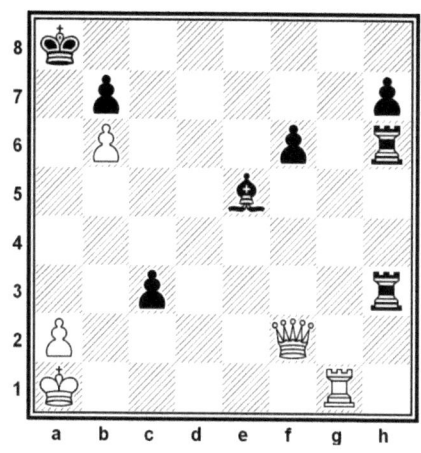

N° 14
1842, n° 7 (1852, n° 11), mat en 4 coups

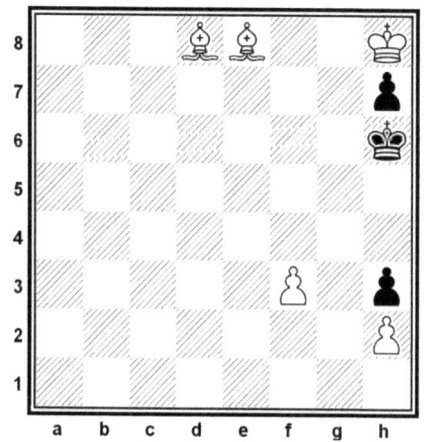

N° 15
1842, n° 8, mat en 4 coups

N° 16
1842, n° 9 (1852, n° 15), mat en 4 coups

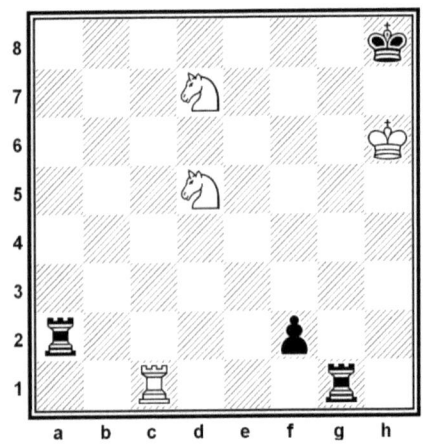

N° 17

1842, n° 11, mat en 4 coups

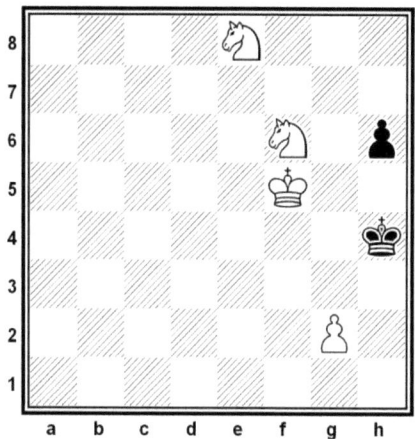

N° 18

1842, n° 13, mat en 4 coups

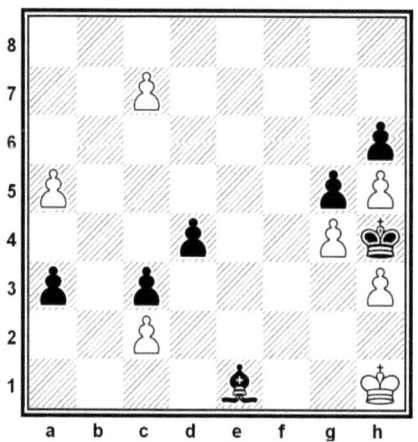

N° 19

1842, n° 14, mat en 4 coups

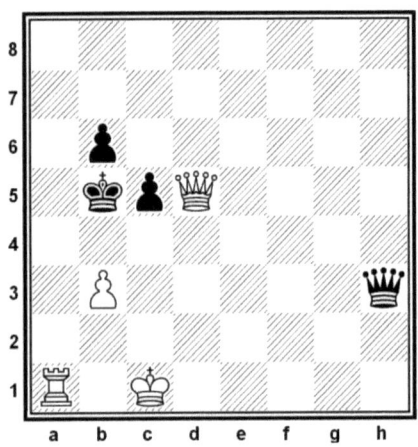

N° 20

1842, n° 15 (1852, n° 24), mat en 4 coups

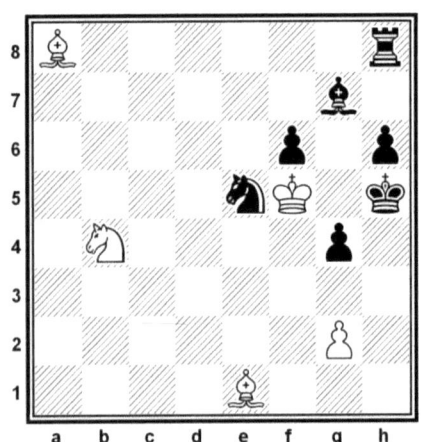

N° 21

1842, n° 16, mat en 4 coups

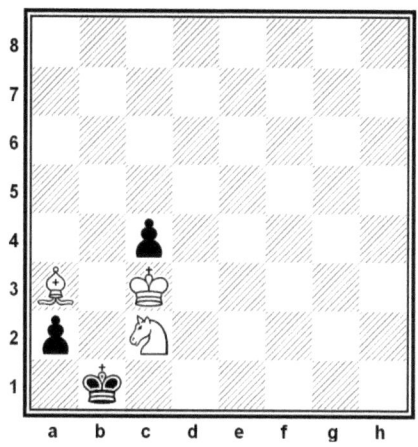

N° 22

1842, n° 18, mat en 4 coups

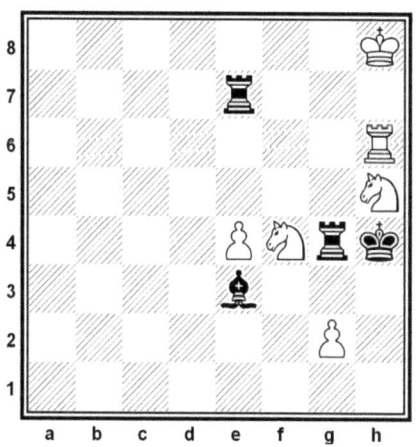

N° 23

1842, n° 19 (1852, n° 25), mat en 4 coups

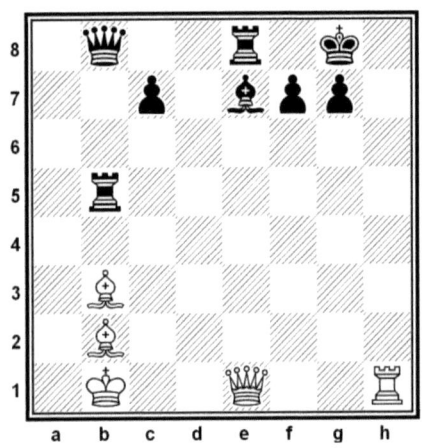

N° 24

1842, n° 49 (1852, n° 51), mat en 4 coups

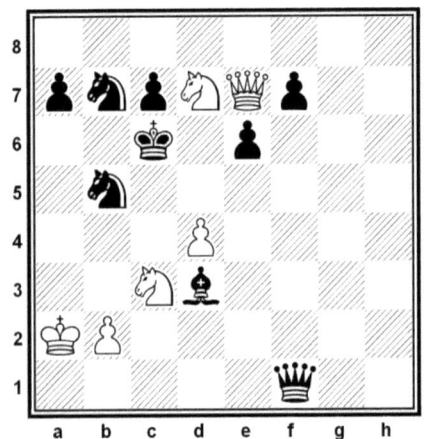

N° 25

1852, n° 8, mat en 4 coups

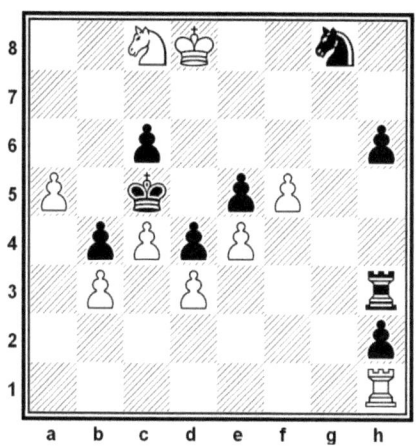

N° 26

1852, n° 12, mat en 4 coups

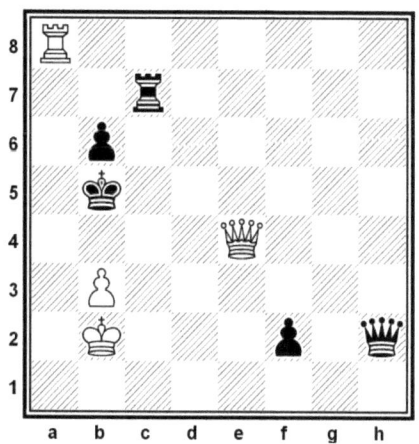

N° 27

1852, n° 13, mat en 4 coups

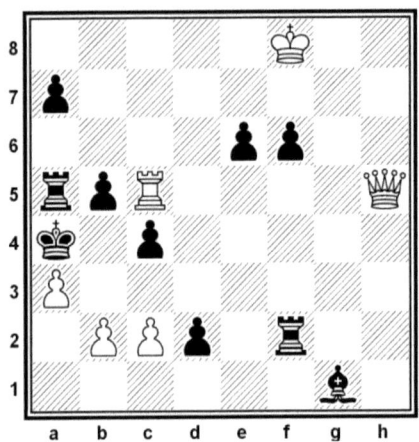

N° 28

1852, n° 14, mat en 4 coups

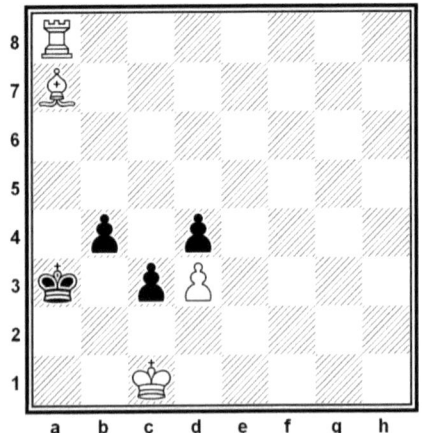

N° 29

1852, n° 16, mat en 4 coups

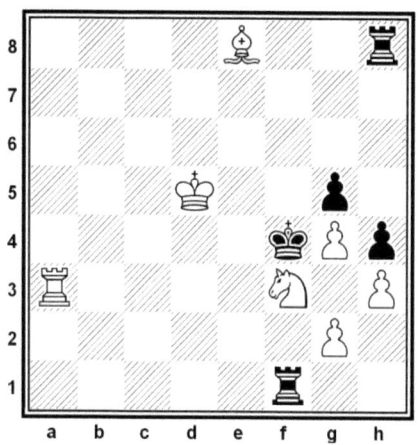

N° 30

1852, n° 17, mat en 4 coups

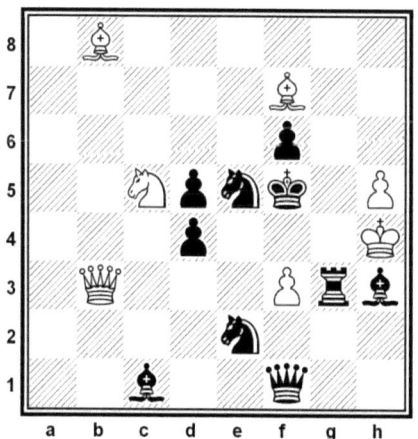

N° 31
1852, n° 18, mat en 4 coups

N° 32
1852, n° 19, mat en 4 coups

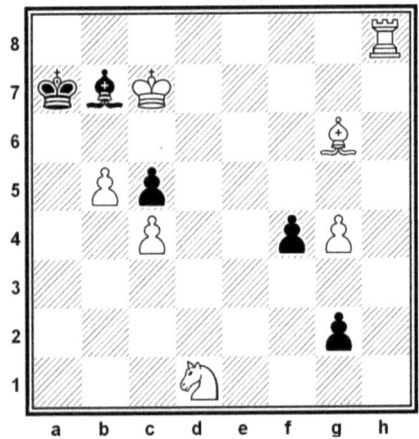

N° 33

1852, n° 20, mat en 4 coups

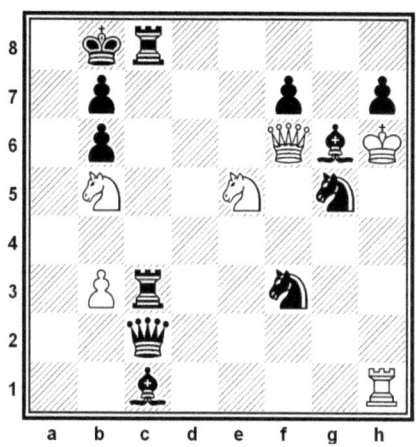

N° 34

1852, n° 21, mat en 4 coups

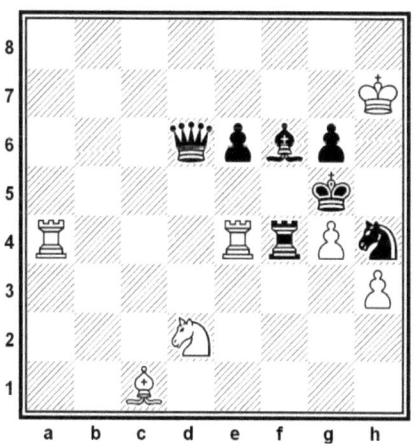

N° 35

1852, n° 22, mat en 4 coups

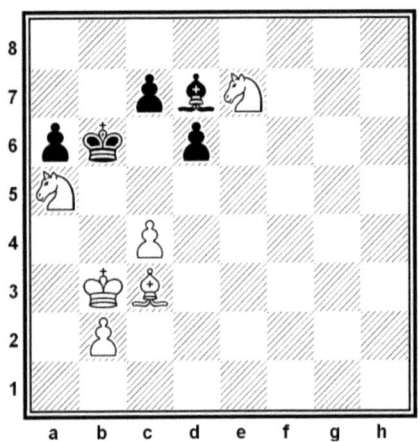

N° 36

1852, n° 26, mat en 4 coups

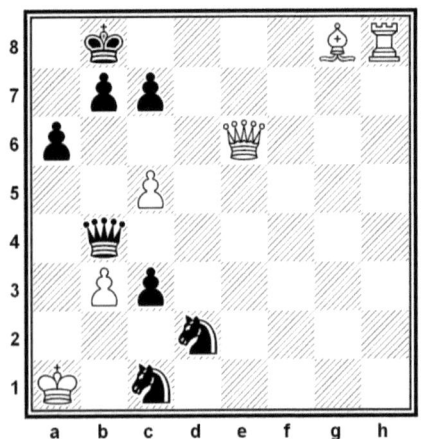

N° 37
1852, n° 27, mat en 4 coups

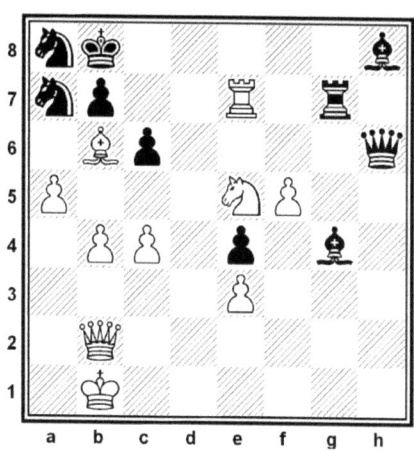

N° 38
1852, n° 28, mat en 4 coups

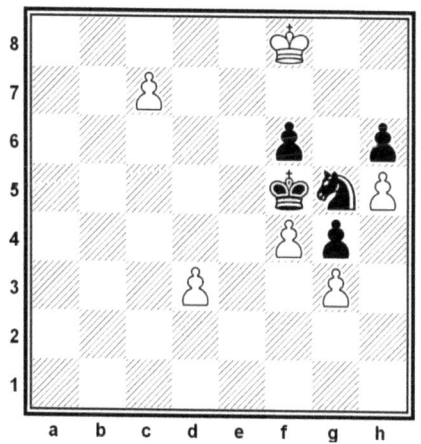

N° 39
1852, n° 56, mat en 4 coups

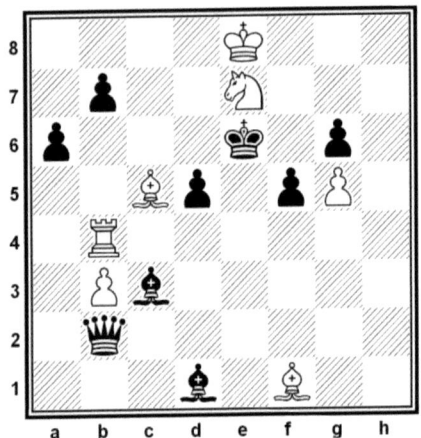

N° 40
1852, n° 58, mat en 4 coups

1852, n° 59, mat en 4 coups

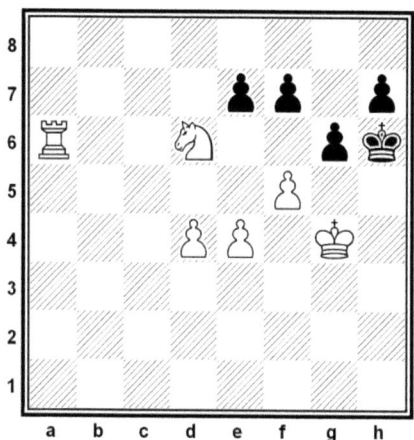

Mats en cinq coups

Dans les diagrammes suivants, le trait est toujours aux Blancs.

N° 42

1842, n° 17 (1852, n° 29), mat en 5 coups

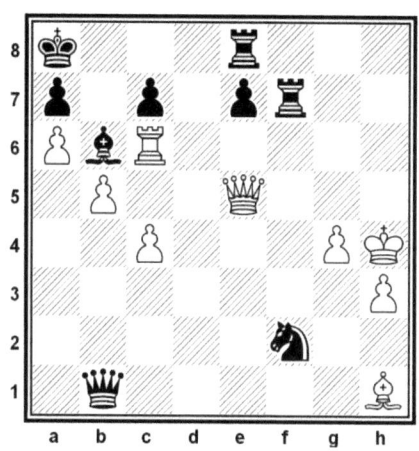

N° 43

1842, n° 20 (1852, n° 31), mat en 5 coups

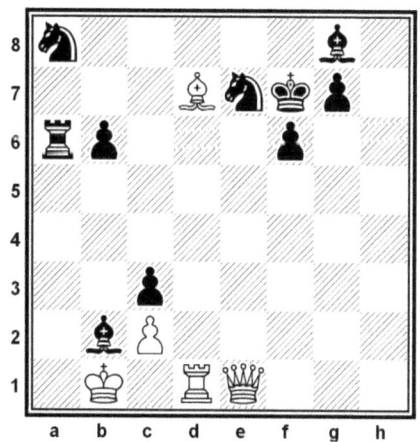

N° 44
1842, n° 22 (1852, n° 38), mat en 5 coups

N° 45
1842, n° 23, mat en 5 coups

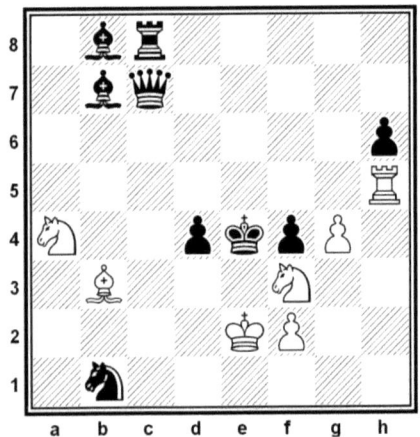

N° 46
1842, n° 24, mat en 5 coups

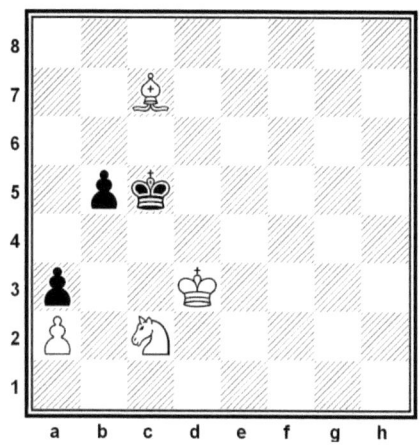

N° 47
1842, n° 25 (1852, n° 33), mat en 5 coups

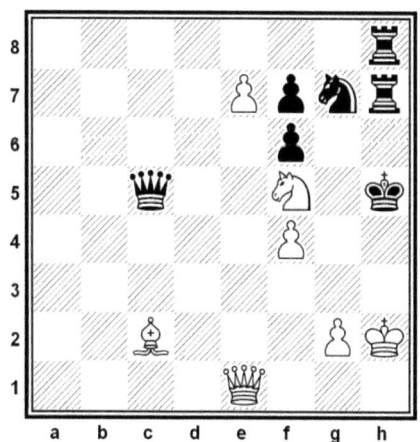

N° 48
1842, n° 26, mat en 5 coups

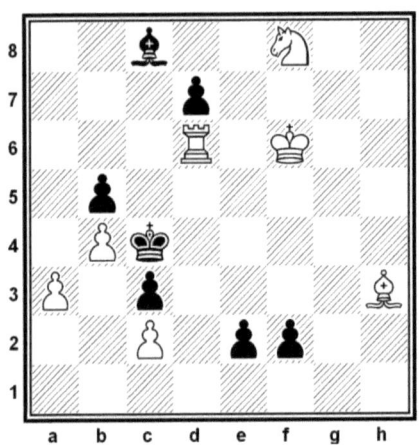

N° 49
1842, n° 27, mat en 5 coups

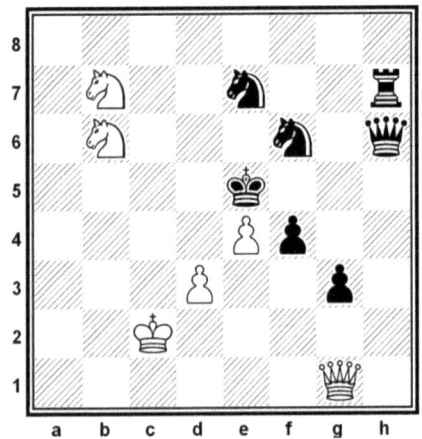

N° 50
1842, n° 28 (1852, n° 32), mat en 5 coups

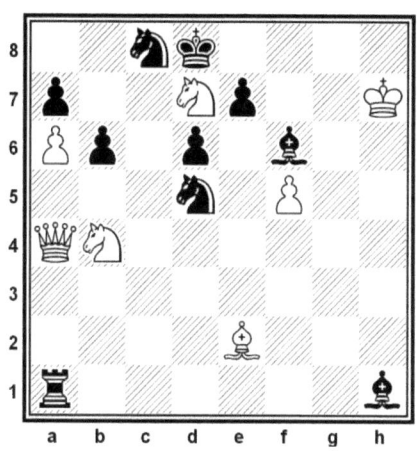

N° 51
1842, n° 29 (1852, n° 34), mat en 5 coups

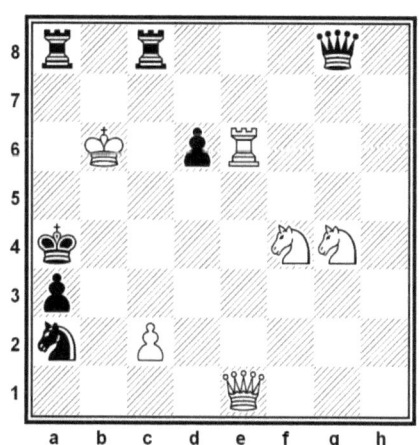

1842, n° 30 (1852, n° 35), mat en 5 coups

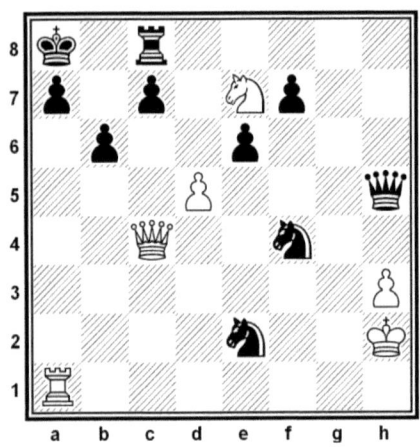

N° 53

1842, n° 31 (1852, n° 36), mat en 5 coups

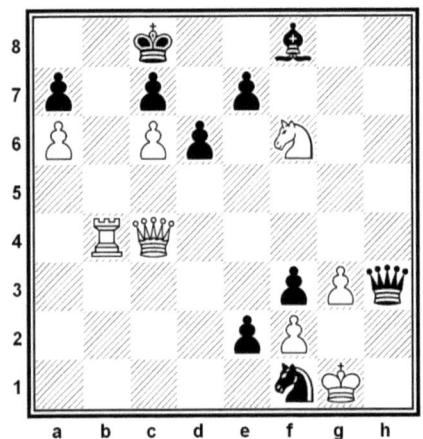

N° 54

1842, n° 33 (1852, n° 44), mat en 5 coups

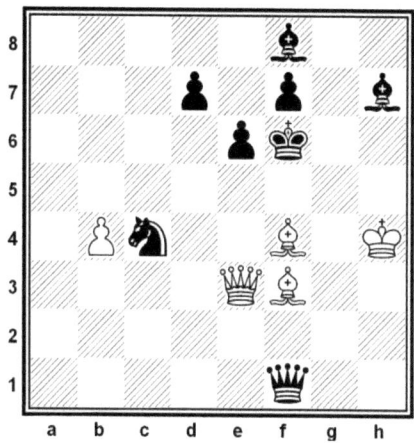

N° 55

1842, n° 34 (1852, n° 40), mat en 5 coups

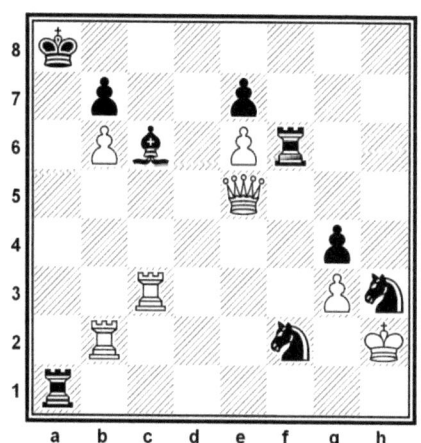

N° 56
1842, n° 35, mat en 5 coups

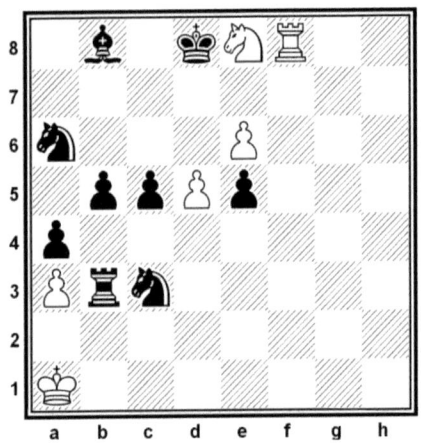

N° 57
1842, n° 36, mat en 5 coups

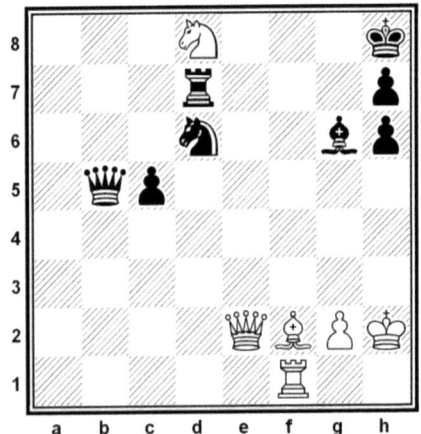

N° 58
1842, n° 37 (1852, n° 42), mat en 5 coups

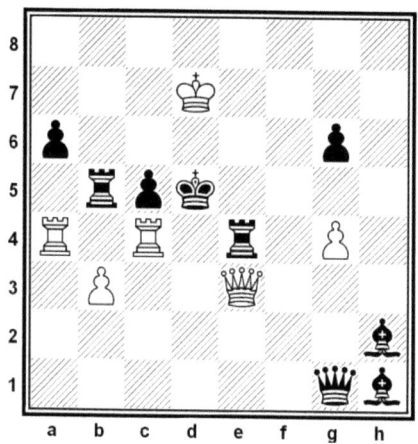

N° 59
1852, n° 23, mat en 5 coups

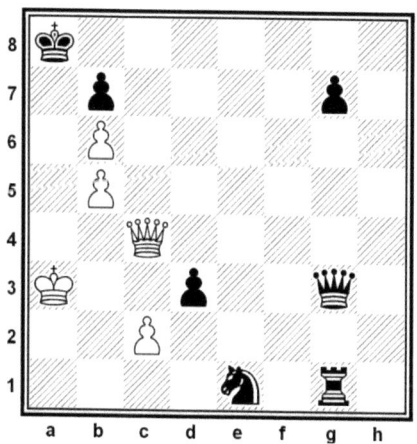

N° 60

1852, n° 30, mat en 5 coups

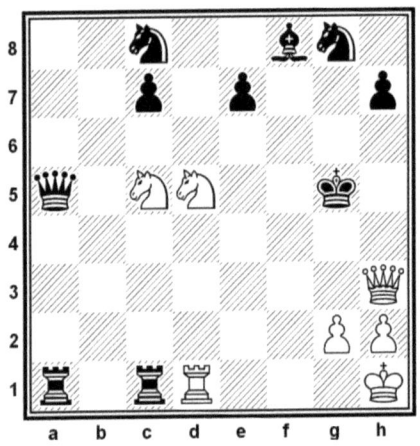

N° 61

1852, n° 37, mat en 5 coups

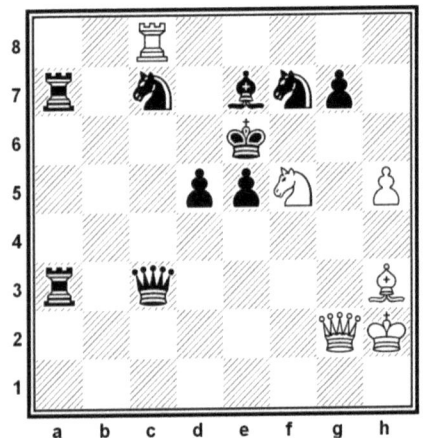

N° 62

1852, n° 39, mat en 5 coups

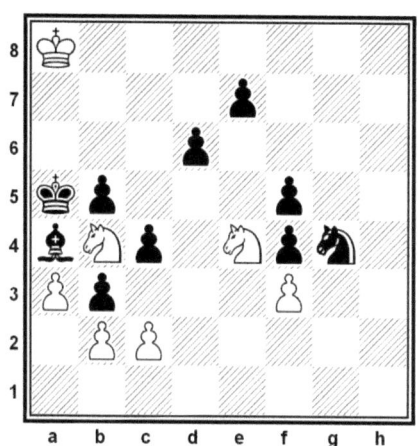

N° 63

1852, n° 41, mat en 5 coups

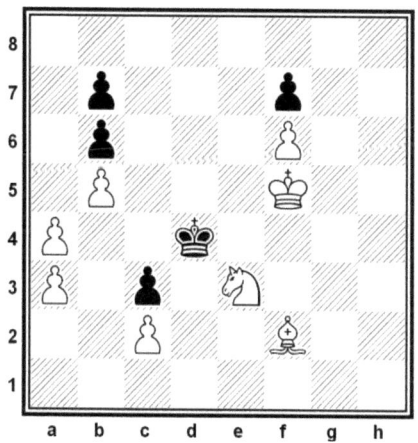

N° 64
1852, n° 43, mat en 5 coups

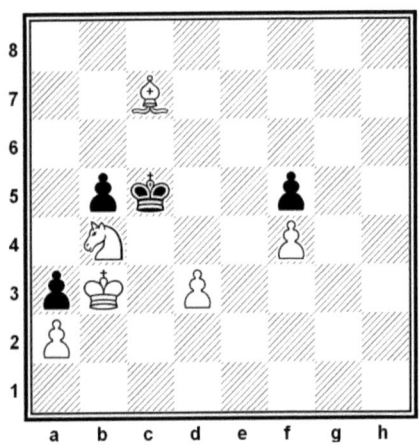

N° 65
1852, n° 52, mat en 5 coups

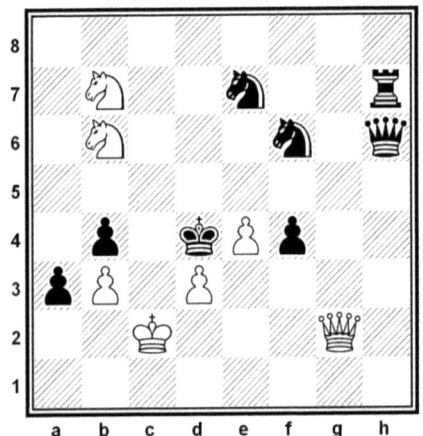

1852, n° 60, mat en 5 coups

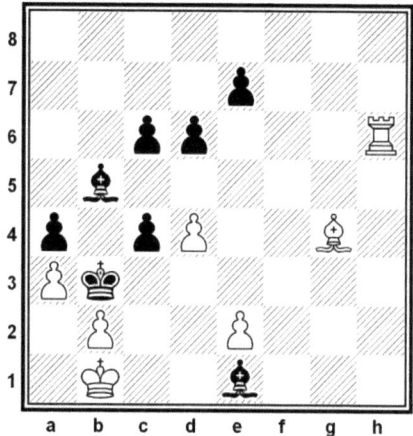

Mats en six coups

Dans les diagrammes suivants, le trait est toujours aux Blancs.

N° 67

1842, n° 38, mat en 6 coups

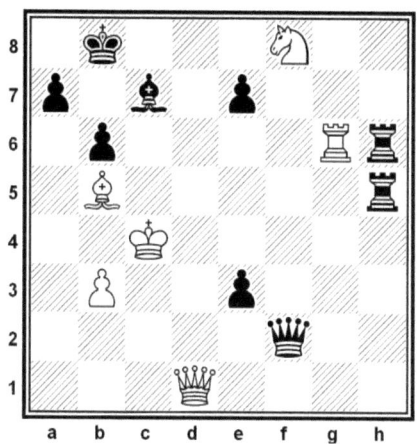

N° 68

1842, n° 39, mat en 6 coups

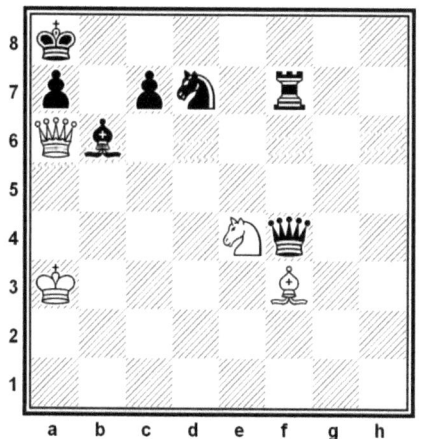

N° 69
1842, n° 41 (1852, n° 47), mat en 6 coups

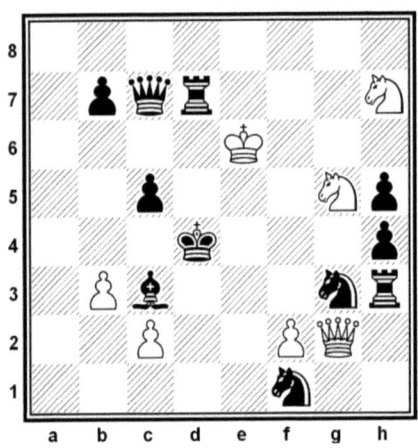

N° 70
1842, n° 42 (1852, n° 45), mat en 6 coups

N° 71
1842, n° 43 (1852, n° 50), mat en 6 coups

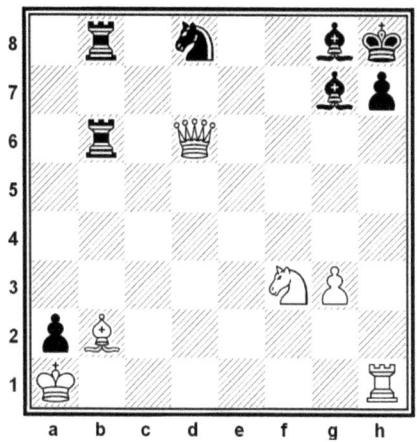

N° 72
1842, n° 44, mat en 6 coups

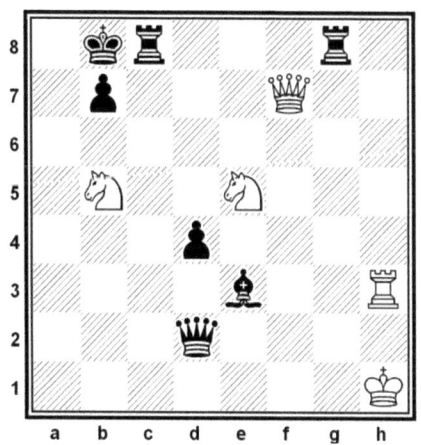

N° 73
1842, n° 45, mat en 6 coups

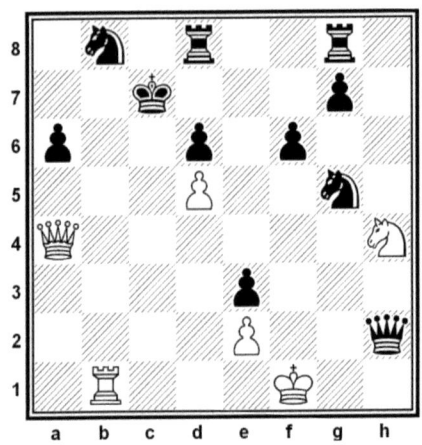

N° 74
1842, n° 46 (1852, n° 49), mat en 6 coups

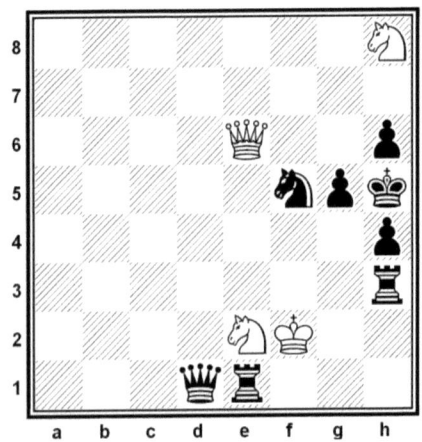

N° 75
1842, n° 47 (1852, n° 48), mat en 6 coups

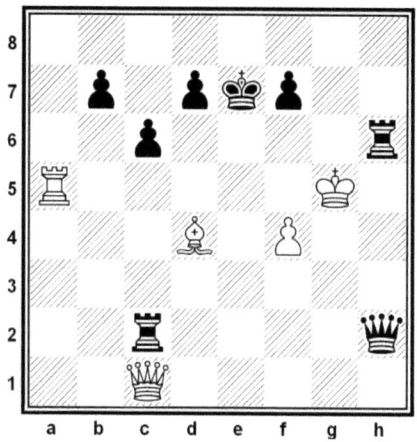

N° 76
1842, n° 48 (1852, n° 46), mat en 6 coups

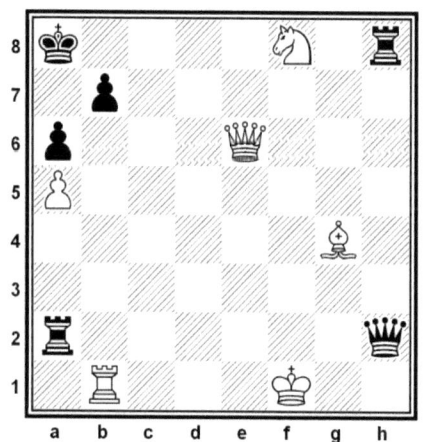

N° 77
1842, n° 50, mat en 6 coups

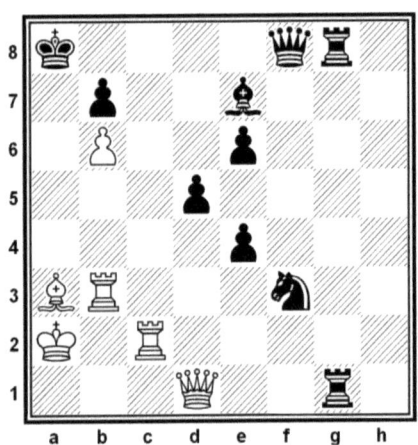

N° 78
1842, n° 52, mat en 6 coups

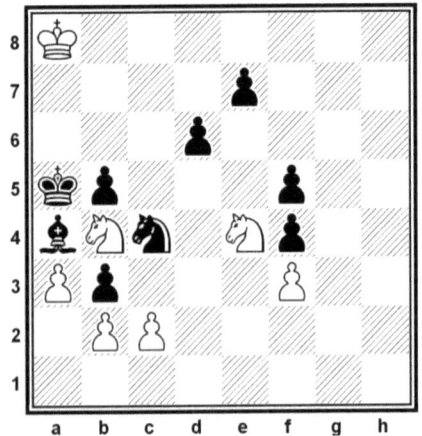

Mats en sept coups et plus

Dans les diagrammes suivants, le trait est toujours aux Blancs.

N° 79
1842, n° 40, mat en 7 coups

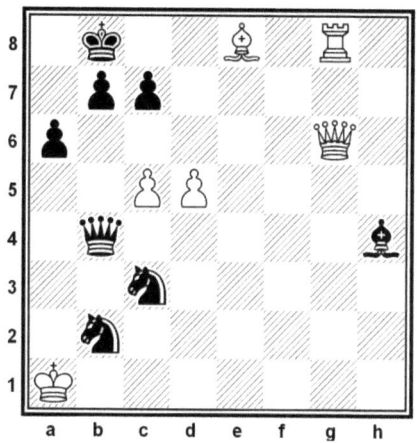

N° 80
1842, n° 53, mat en 7 coups

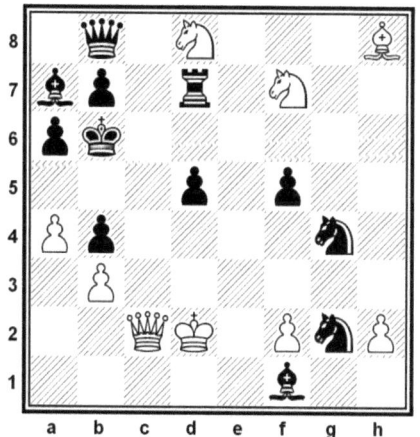

N° 81

1842, n° 55, mat en 7 coups

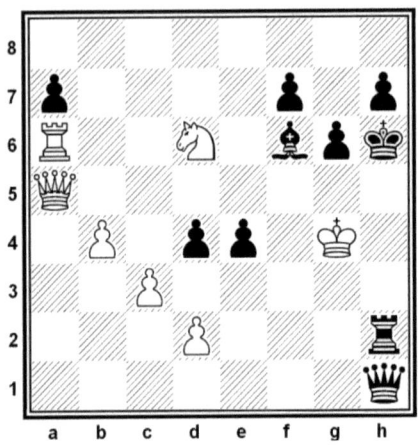

N° 82

1842, n° 56, mat en 7 coups

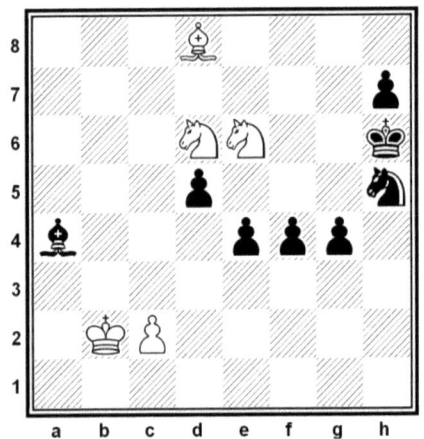

N° 83

1842, n° 57, mat en 7 coups

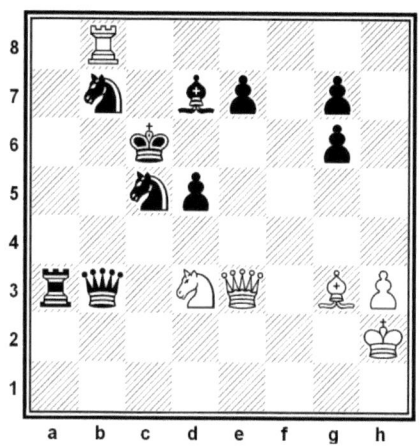

N° 84

1842, n° 58, mat en 8 coups

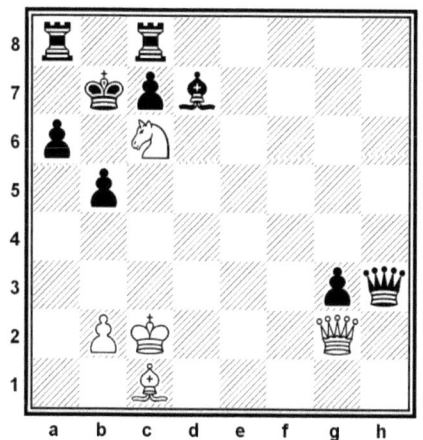

N° 85

1842, n° 59 (1852, n° 53), mat en 8 coups

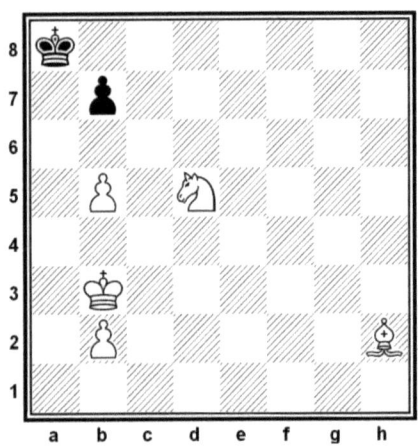

N° 86

1842, n° 60 (1852, n° 54), mat en 9 coups

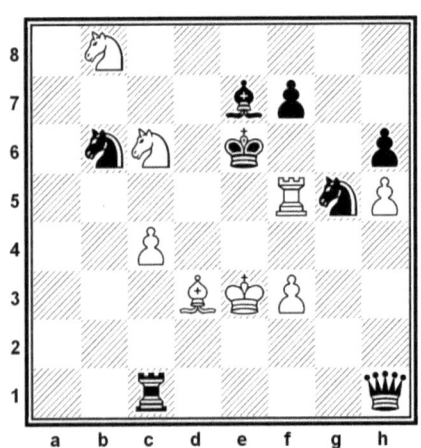

Mats avec conditions spéciales

Dans les diagrammes suivants, le trait est toujours aux Blancs.

N° 87

1842, n° 12, mat en 4 coups
avec « promotion allemande »

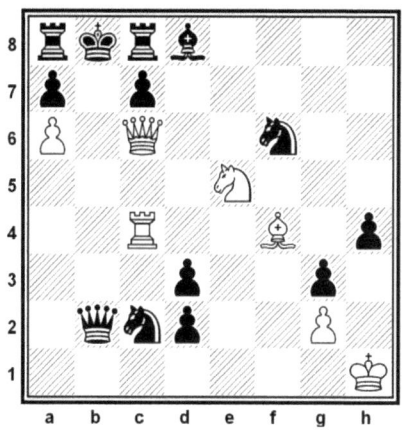

N° 88

1842, n° 32, mat en 5 coups
avec « promotion allemande »

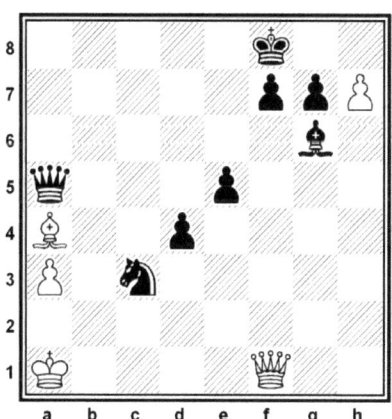

N° 89

1842, n° 54, mat en 7 coups
et la mat doit se donner avec le pion

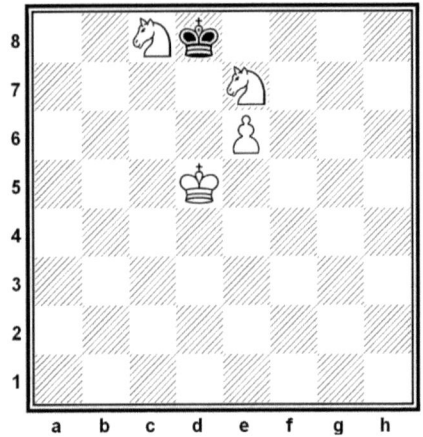

Solutions

N° 1

1.Fe6 b1D+
1...Rb1 2.Cd2+ Rc1 3.Ccb3#.
1...c1D (n'importe quel coup noir) 2.Cd2+ suivi du mat.
2.Cb2+ Rxb2 3.Cd3# 1−0

N°2

1.Da5+ Rxa5
1...Rb7 2.Db6#.
2.Ta4+ bxa4 3.b4# 1−0

N°3

1.Dxb6 axb6 2.Cc6+ Ra8 3.Cxb6# 1−0

N°4

1.Df5+ exf5
Prendre avec le Ch4 ou le pion g6 revient au même.
2.Cf6+ Rf4 3.Ce6# 1−0

N° 5

1.De7+ Rxe7
1...Rg8 2.Dg7#.
2.c8C+ Re8 3.Cd6# 1−0

N°6

1.Tf3 Rd5 2.Fb5 Rxe4
2...Re6 3.Fc4#.
3.Fc6# 1-0

N° 7

1.Dh1 gxh1D
1...Cxh1 2.Cb7 g1D 3.Cc5#.
2.Cf7 Rf5 3.Cg5# 1-0

N° 8

1.Dh5 Dxh5 2.d7 et, suivant la réponse noire, soit 3.dxe8D# 1-0 ou 3.d8C# 1-0

N° 9

1.Rb1 Fh5 2.Tg6 Fxg6+ 3.Cxg6# 1-0

N° 10

1.Te1 Rxd4 2.e4 fxe3 3.Td1# 1-0

N° 11

1.Tc7 Ca6 2.Fxe6 Cxc7 3.g5# 1-0

N° 12

1.Fb4 a5 2.Txe5

Menace mat par Cg4.

2...dxe5

2...Rxe5 3.Fc3#.

3.Ce4# 1−0

N° 13

1.Dd4 T6h4

1...Th1 2.Da4+ Rb8 3.De8#.

1...c2 (variante principale inférieure indiquée
par Anderssen) 2.Tg8+ Fb8 3.Da4#.

2.Tg8+ Fb8 3.Txb8+ Rxb8 4.Dd8# 1−0

N° 14

1.Fh5 Rxh5 2.Rg7 h6 3.Rf6 Rh4 4.Rg6# 1-0

N° 15

1.g4+ hxg4

1...Re5 2.Te4#.

2.Tf4+ Chxf4 3.Cg3+ Re5 4.d4# 1−0

N° 16

1.Tc8+ Tg8 2.C5f6 Txc8

2...Ta8 3.Ce5 f1D 4.Cf7#.

**3.Ce5 et, suivant la réponse noire, soit
4.Cf7# 1−0 ou 4.Cg6# 1−0**

N° 17

1.Ch5 Rxh5 2.Cg7+ Rh4 3.Rf4 h5 4.Cf5# 1-0

N° 18

1.Rg2 a2 2.c8C a1D 3.Ce7 Dxa5 4.Cg6# 1−0
Si les Blancs avaient effectué une promotion
en Dame, ils auraient perdu, alors qu'en Cavalier, les Noirs ne peuvent pas empêcher le mat.

N° 19

1.Ta5+ Rxa5
 1...bxa5 2.Db7#.
2.Da8+ Rb4 3.Da4+ Rc3 4.Dc4# 1−0

N° 20

1.Cd5 Cg6
 1...Cd3 2.Cf4+ Cxf4 3.Ff3 transpose dans la
 variante principale.
 1...g3 2.Fxg3 Cg6 3.Cf4+ Cxf4 4.Ff3#.
2.Cf4+ Cxf4 3.Ff3 gxf3 4.g4# 1−0

N° 21

1.Ca1 Rxa1 2.Rc2 c3 3.Rc1 c2 4.Fb2# 1−0

N° 22

1.g3+ Txg3
    1...Rg5 2.Tg6#.
2.Cf6+ Rg5 3.Th5+ Rxf6
    3...Rxf4 4.Tf5#.
4.Tf5# 1−0

N° 23

1.De6 Txb3
    1...fxe6 2.Fxe6+ Rf8 3.Th8#.
2.Th8+ Rxh8 3.Dh6+ Rg8 4.Dxg7# 1−0

N° 24

1.d5+ exd5 2.Cb8+ Rb6 3.Cxd5+
    3.Ca4+ (variante plus longue indiquée par
    Anderssen) 3...Ra5 4.Db4+ Rxb4 5.Cc6+ Rc4
    6.b3#.
3...Ra5 4.Db4# 1−0

N° 25

1.Tc1 Tg3
    1...h1D (variante principale inférieure indi-
    quée par Anderssen) 2.Cd6 Rxd6 3.c5#.
2.Cb6 Tg7 3.Ca4+ Rd6 4.c5# 1−0

N° 26

**1.Dd5+ Tc5 2.Ta5+ Rxa5 3.Da8+ Rb5
4.Da4# 1−0**

N° 27

1.De8 Tf4 2.De7
La menace est 3.Txc4+ Txc4 4.b3#.
**2...Ta6 3.Tc6 et, suivant la réponse noire,
soit 4.Txa6# 1−0 ou 4.Db4# 1−0**

N° 28

1.Fb6+ Rb3 2.Ta1 c2 3.Fa5 Rc3 4.Ta3# 1−0

N° 29

1.Ce1
Menace 2.g3+ hxg3 3.Cg2#.
1...Tf2 2.g3+ hxg3 3.Tf3+ Txf3 4.Cg2# 1−0

N° 30

1.De3 Fxe3
1...Cf4 2.De4+ dxe4 3.fxe4#.
2.Fe6+ Rf4 3.Cd3+ Rxf3 4.Fxd5# 1−0

N° 31

1.Ce8 Rxh5 2.Cg7+ Rh4 3.Rf4 h5 4.Cf5# 1-0

N° 32

**1.Th6 g1D 2.Fe4 Dd4 3.Ta6+ Fxa6 4.b6#
1-0**

N° 33

1.Cd7+ Ra8 2.Df4 Dh2+
   2...Fxf4 3.Ta1+ Da2 4.Txa2#.
**3.Txh2 et, suivant la réponse noire, soit
4.Da4# 1−0 ou 4.Cxb6# 1−0 ou 4.Ta2# 1−0**

N° 34

1.Te5+ Dxe5 2.Ta5 Txg4 3.Ce4+ Rf5
   3...Rh5 4.Cxf6#.
4.Cd6# 1−0

N° 35

**1.Cec6 Fxc6 2.Fd4+ Rxa5 3.Ra3 (n'importe
quel coup noir) 4.b4# 1−0**

N° 36

1.Dxa6 Da3+
   1...bxa6 2.Fd5+ Ra7 3.Ta8#.
   1...Dd4 2.Fd5+ Dxh8 3.Dxb7#.
2.Dxa3 c6 3.Fe6+ Rc7 4.Tc8# 1−0

N° 37

1.Dh2 Dxh2
   1...Cc7 2.Cd7+ Ra8 3.Te8+ Cxe8 4.Db8#.
   1...Dd6 2.Cd7+ Rc8 3.Dxh8+ Tg8 4.Dxg8#.
   1...Txe7 2.Cd7+ Rc8 3.Db8+ Rxd7 4.Dd8#.
2.Fxa7+ Rxa7
   2...Rc8 3.Te8+ Rc7 4.Fb8#.
3.Cxc6+ Ra6 4.b5# 1−0

N° 38

1.Re7 Ce6 2.c8T Cc7
  2...Cxf4 3.Tc5+ Cd5+ 4.Txd5#.
3.Td8 (n'importe quel coup noir) 4.Td5#
1−0

N° 39

1.Te4+ Fe5
  1...fxe4 2.Fh3+ Fg4 3.Fxg4+ Re5 4.Cxg6#.
2.Cc6 bxc6 3.Fxa6 fxe4 4.Fc8# 1−0

N° 40

1.Cb6 axb6 2.Ta2 Fxb5 3.Tc8+ Rxc8
4.Ta8# 1−0

N° 41

1.f6 exf6
  1...exd6 2.Ta1 g5 3.Rf5 (n'importe quel coup
  noir) 4.Th1#.
2.e5 Rg7 3.exf6+ Rxf6 4.Cf5# 1−0

N° 42

1.Dh8 Txh8+
  1...Tff8 2.Dxf8 Txf8 3.Tf6+ c6 (3...Dxh1
  4.Txf8#) 4.Txf8+ Fd8 5.Txd8#.
2.Th6+ c6 3.Txh8+ Tf8 4.Txf8+ Fd8
5.Txd8# 1−0

N° 43

1.De6+ Rf8

1...Rg6 2.Tg1+ Rh7 3.Dh3#.

2.Fa4 Fxe6

Les Noirs se font mater en 2 coups sur n'importe quel autre coup joué. Par exemple : 2...Cc6 3.Td8+ Cxd8 4.De8#.

3.Td8+ Rf7 4.Fe8+ Rg8 5.Fg6# 1−0

N° 44

1.Cf7 Rh5 2.Cf8 Rh4 3.Cg6+ Rh5 4.Cf4+ Rh4 5.g3# 1−0

N° 45

1.Fd5+ Fxd5 2.Cc5+ Dxc5 3.Te5+ Fxe5 4.Cg5+ hxg5 5.f3# 1−0

N° 46

1.Cb4 Rxb4 2.Rd4 Ra4 3.Rc5 b4 4.Rc4 b3 5.axb3# 1−0

N° 47

1.Dh4+ Rg6 2.Dh6+ Txh6+ 3.Ch4+ Rh5 4.Fd1+ Rxh4 5.g3# 1−0

N° 48

**1.Ff1 exf1D 2.Cg6 De2 3.Ce5+ Dxe5+
4.Rxe5 (n'importe quel coup noir) 5.Td4#
1−0**

N° 49

**1.Da1+ Re6 2.Cd8+ Rd6 3.De5+ Rxe5
4.Cc4+ Rd4 5.Ce6# 1−0**

N° 50

1.Cf8 Txa4 2.Ce6+ Re8
  2...Rd7 3.Fb5#.
3.Fh5+ Rd7 4.Cc6 Rxc6
  Sur tout autre coup suit 5.Cb8#.
5.Fe8# 1−0

N° 51

1.De4+ Cb4 2.Dxb4+ Rxb4 3.Cd5+ Rc4
  3...Ra4 4.Te4+ Tc4 5.Txc4#.
4.Te4+ Rxd5 5.Cf6# 1−0

N° 52

1.Dc6+ Rb8 2.Dxe6 Dxh3+
  2...fxe6 3.Cc6+ Rb7 4.Txa7#.
3.Dxh3 Cxh3 4.Cc6+ Rb7 5.Txa7# 1−0

N° 53

**1.De6+ Dxe6 2.Cd7 Dxd7 3.Tb8+ Rxb8
4.cxd7 (n'importe quel coup noir) 5.d8D#
1–0**

N° 54

1.Fe5+ Re7
   1...Cxe5 2.Dg5#.
2.Ff6+ Re8
   2...Rxf6 3.Dg5#.
   2...Rd6 3.Dc5#.
3.Dxe6+ fxe6 4.Fh5+ Fg6 5.Fxg6# 1–0

N° 55

1.Ta2+ Txa2 2.Dd5 Cd3+

Il n'y a aucune manière pour les Noirs
d'échapper au mat.

3.Dxa2+ Rb8 4.Da7+ Rc8 5.Da8# 1–0

N° 56

1.Cd6+ Rc7
   1...Re7 2.Tf7+ Rxd6 (2...Rd8 3.Td7#) 3.Td7#.
**2.Tf7+ Rb6 3.Tb7+ Ra5 4.Txb5+ Txb5
5.Cc4# 1–0**

N° 57

1.Fd4+ Rg8
   1...cxd4 2.Tf8+ Rg7 3.Ce6#.
**2.De5 cxd4 3.Dh8+ Rxh8 4.Tf8+ Rg7
5.Ce6# 1−0**

N° 58

1.Txc5+ Txc5 2.Td4+ Re5
   2...Txd4 3.De6#.
3.Dg5+ Rxd4 4.Dd2+ Re5 5.Dd6# 1−0

N° 59

1.Da2 Dc7
   1...dxc2+ (variante principale inférieure indiquée par Anderssen) 2.Rb2+ Da3+ 3.Dxa3+
   Rb8 4.Df8#.
2.bxc7 Tg6
   2...Ra7 3.Rb4+ Rb6 4.Da5#.
   2...b6 3.Dg8+ Ra7 4.Db8#.
**3.Rb3+ Ta6 4.b6 (n'importe quel coup
noir) 5.c8D# 1−0**

N° 60

**1.Ce6+ Rg6 2.Dg4+ Rf7 3.Cd8+ Re8
4.Dd7+ Rxd7 5.Cf6# 1−0**

N° 61

1.Ce3+ Rd6 2.Dxd5+ Cxd5 3.Cf5+ Rd7
3...Re6 4.Cg3+ Rf6 5.Ce4#.
4.Cg3+ Rd6 5.Ce4# 1−0

N° 62

1.Ra7
Si 1.Rb7, ce sont les Noirs qui gagnent.
1...Ce5 2.Cc5 dxc5 3.c3 e6 4.Rb7 et, suivant la réponse noire, soit 5.cxb4# 1−0 ou 5.Cc6# 1−0

N° 63

1.Fg1 Rc5 2.Fh2 Rd4 3.Ff4 Rc5 4.Fc7 Rd4 5.Fxb6# 1−0

N° 64

1.Rc2 Rxb4 2.Fb6 Ra4 3.Rc3 b4+ 4.Rc4 b3 5.axb3# 1−0

N° 65

1.Dg1+ Re5 2.Cc4+
2.Da1+ (variante plus longue indiquée par Anderssen) Re6 3.Cd8+ Rd6 4.De5+ Rxe5 5.Cc4+ Rd4 6.Ce6#.
2...Re6 3.Cc5+ Rf7 4.Cd6+ Rf8 5.Ce6# 1−0

N° 66

**1.Fe6 d5 2.Fxd5 cxd5 3.Tb6 c3 4.Txb5+ Rc4
5.Tb4# 1−0**

N° 67

1.Cd7+ Rb7
  1...Rc8 2.Fa6+ Rd8 3.Tg8+ Df8 4.Txf8#.
2.Dh1+ Txh1 3.Fa6+ Ra8
  3...Rxa6 (variante principale inférieure indiquée par Anderssen) 4.Cc5+ Ra5 5.b4#.
4.Tg8+ Df8 5.Txf8+ Fd8 6.Txd8# 1−0

N° 68

**1.Dc8+ Cb8 2.Db7+ Rxb7 3.Cd6+ Ra6
4.Fe2+ Dc4 5.Fxc4+ Ra5 6.Cb7# 1−0**

N° 69

1.Cf3+ Re4 2.Cg1+ Rd4 3.De4+ Rxe4
  3...Cxe4 4.Ce2#.
4.Cg5+ Rf4
  4...Rd4 5.C1f3#.
5.C1xh3+ Rg4 6.f3# 1−0

N° 70

**1.Cd4 d5 2.e4 dxe4 3.Rb1 e3 4.Rb2 e2
5.Cb5 e1D 6.Cc3# 1−0**

N° 71

1.Txh7+ Rxh7
   1...Fxh7 2.Df8+ Fg8 3.Dxg7#.
2.Cg5+ Rh8 3.Dd4 Txb2 4.Dh4+ Fh6
5.Dxh6+ Fh7 6.Dxh7# 1−0

N° 72

1.Cd7+ Ra8 2.Cb6+ Rb8 3.Df4+ Fxf4
4.Cd7+ Ra8 5.Ta3+ Da5 6.Txa5# 1−0

N° 73

1.Dc2+ Rd7 2.Tb7+ Re8 3.Dg6+ Rf8 4.Df7+
Cxf7 5.Cg6+ Re8 6.Te7# 1−0

N° 74

1.De8+ Rg4 2.De4+ Rh5 3.Cf4+ Rg4
4.Cd5+ Txe4 5.Cf6+ Rf4 6.Cg6# 1−0

N° 75

1.De3+ Te6
   1...Rd8 2.Fb6+ Rc8 3.Ta8#.
2.Ff6+ Rd6 3.Dd4+ Rc7 4.Db6+ Rd6
   4...Rxb6 5.Fd8#.
5.Td5+ Rxd5 6.Dd4# 1−0

N° 76

1.Dxa6+ bxa6 2.Ff3+ Ra7 3.Tb7+ Ra8
4.Td7+ Rb8 5.Td8+ Rc7 6.Ce6# 1−0

N° 77

1.Fd6 Fxd6 2.Ta3+ Rb8
  2...Fxa3 3.Tc8+ Dxc8 4.Da4+ Rb8 5.Da7#.
**3.Ta8+ Rxa8 4.Tc8+ Dxc8 5.Da4+ Rb8
6.Da7# 1−0**

N° 78

1.Ra7 Ce5 2.Cc5 dxc5 3.c3 c4
  3...e6 4.Rb7 c4 5.Ra7 Cc6+ 6.Cxc6#.
4.Rb7 e6 5.Ra7 Cc6+ 6.Cxc6# 1−0

N° 79

1.Dxa6 Fd8
  1...bxa6 2.Fc6+ Fd8 3.Txd8+ Ra7 4.Ta8#.
2.Fc6 Da3+
  2...Da4+ (variante principale inférieure indiquée par Anderssen) 3.Fxa4 bxa6 4.Txd8+
  Ra7 5.Fc6 (n'importe quel coup noir) 6.Ta8#.
**3.Dxa3 Cba4 4.Db4 Cxc5 5.Txd8+ Ra7
6.Dxc5+ Ra6 7.Ta8# 1−0**

N° 80

**1.Dc5+ Rxc5 2.Fd4+ Rxd4 3.Ce6+ Re4
4.f3+ Rxf3 5.Cfg5+ Rf2 6.Ch3+ Rf3
7.Ceg5# 1−0**

N° 81

1.Dg5+ Rg7
1...Fxg5 2.Cf5#.
2.Dxf6+ Rxf6 3.Cf5+ Re5 4.cxd4+ Rd5
5.Ce3+ Rxd4 6.Td6+ Re5 7.Cc4# 1−0

N° 82

1.Cf7+ Rg6 2.Ch8+ Rf5 3.Cd4+ Re5 4.Cf7+ Rxd4 5.Fb6+ Rc4 6.Cd6+ Rb4 7.c3# 1−0

N° 83

1.Dxc5+ Cxc5 2.Ce5+ Rd6
2...Rc7 3.Cf3+ e5 4.Fxe5+ Rc6 5.Cd4#.
3.Cf7+ Re6 4.Cg5+ Rf5 5.Tf8+ Rxg5 6.Ff4+ Rh5 7.Th8# 1−0

N° 84

1.Cd8+ Rb6 2.Dc6+ Fxc6
2...Ra5 3.Cb7+ Ra4 4.b3+ Rb4 5.De4#.
3.Fe3+ Ra5 4.Cxc6+ Ra4 5.b3+ Ra3 6.Fc1+ Ra2 7.Cb4+ Ra1 8.Fb2# 1−0

N° 85

1.Cb6+ Ra7 2.Rc4 Rxb6 3.Fb8 Ra5 4.Fc7+
4.Fa7 b6 (4...Ra4 5.Fc5 Ra5 6.b3 b6 7.Fb4#)
5.Fb8 Ra4 6.Fd6 Ra5 7.Fb4+ Ra4 8.b3#.
4...Ra4
4...b6 5.Fd6 Ra4 6.b3+ Ra5 7.Fb4#.
5.Fd8 b6 6.Fe7 Ra5 7.Fb4+ Ra4 8.b3# 1−0

N° 86

1.Cd4+ Rd6 2.Cb5+ Re6 3.Cc7+ Rd6
4.Ce8+ Re6 5.Te5+ Rxe5 6.Cc6+ Re6
7.Ff5+ Rxf5 8.Cd4+ Re5 9.f4# 1–0

N° 87

Ce problème exige la règle de la promotion allemande. Donc pour les Noirs, les coups d1=D+ ou
D1=T+ ne sont pas possibles puisque la Dame
noire et les deux Tours noires sont encore sur
l'échiquier !

1.Tb4+ Dxb4 2.Dxc2 Db6

Pour parer la menace de mat Ce5–c6.

3.Db2 (n'importe quel coup noir) 4.Cc6#
1–0

N° 88

Ce problème exige la règle de la promotion allemande. Donc pour les Blancs, le coup 1.h8=D+
n'est pas possible puisque la Dame blanche est
encore sur l'échiquier !

1.Df6 gxf6

1...Fxh7 2.Dd6+ Rg8 3.Db8+ Dd8 4.Dxd8#.

2.h8D+

Maintenant cette promotion est rendue possible puisque la Dame blanche n'est plus sur
l'échiquier.

2...Re7 3.De8+ Rd6 4.Dd7+ Rc5 5.Dc6# 1-0

N° 89

1.Rc6 Re8 2.Cg6 Rd8 3.Rb7

On pouvait naturellement réaliser un mat plus court par : 3.e7+ Re8 4.Cd6#, mais le mat ne se donne pas avec le pion.

3...Re8 4.Cb6 Rd8 5.Cd5 Re8 6.Cf6+ Rd8 7.e7# 1−0

Autres titres parus dans la collection *Histoire du jeu d'échecs*

Tous les titres de la collection *Histoire du jeu d'échecs* sont disponibles sur commande dans n'importe quelle librairie. Les titres sont également disponibles sur tous les sites de vente de livres en ligne (www.amazon.fr, www.decitre.fr, www.chapitre.com, www.uculture.fr, www.placedeslibraires.fr, www.fnac.com, www.cultura.com, etc.).

> Site internet : www.histoireechecs.1s.fr
> Contact : histoiredesechecs@gmail.com

Autres titres déjà parus

- Philippe Stamma, *Les cent fins de parties de Philippe Stamma*. ISBN : 978-2-3220-4370-5.

- José Raúl Capablanca, *Ma Carrière échiquéenne*. ISBN : 978-2-322-09661-9.

- Eugène Znosko-Borovsky, *Comment il ne faut pas jouer aux échecs. Édition augmentée entièrement revue*. ISBN : 978-2-322-13296-6.

- Aaron Nimzowitsch, *Ma victoire à Carlsbad en 1929 ou le triomphe de mon système*. ISBN : 978-2-322-15769-3.

- En préparation, à paraître fin 2017 : Alexandre Alekhine, *New York 1927 : le chant du cygne de Capablanca*.